APLIX

APLIX

DOMINIQUE PERRAULT
ARCHITECTE

ANDRÉ MORIN
PHOTOGRAPHE

LARS MÜLLER PUBLISHERS

L'usine *Aplix* est destinée à la production de «systèmes auto-agrippants» textiles et plastiques. Elle appartient à une entreprise multinationale qui se positionne dans un secteur porteur soumis à des développements économiques et technologiques importants favorisant une dynamique régionale. A terme, la capacité de production de l'usine doit pouvoir être doublée.

Aussi le parti architectural est d'offrir des conditions de travail optimales et une flexibilité dans l'intégration d'extensions futures.

The *Aplix* factory is conceived for the production of "self gripping fastening systems", made in textile and plastic materials. It belongs to an international company which has established itself in a field that is subject to important economical and technological developments, favorable to contributing to a regional vitality. In the long term, it should be possible to double the production capacity of the factory.

Therefore, the aim of the architecture is to offer optimum working conditions and great flexibility for the integration of future extensions.

L'ancienne usine *Aplix,* près de Nantes, était saturée, quelques bâtiments vétustes et les flux rendus complexes. Son personnel avait triplé, les conditions de travail se détérioraient. A l'inverse, les exigences de qualité grandissaient. Les perspectives de développement restant bonnes, décision fut prise de lancer la construction d'une nouvelle usine de 30 000m² dans la même région.

Nous voulions l'application d'un principe: «être moderne en privilégiant la fonction, sans emphase mais sans concession» – et de quelques idées simples:
– assurer une extension différenciée des activités opérationnelles majeures pour bien répondre aux besoins des clients,
– réguler les flux selon de grands axes et généraliser la circulation de l'information,
– favoriser la solidarité des services et unifier les prestations offertes au personnel,
– minimiser les coûts de construction et optimiser les coûts de fonctionnement, tout ceci dans le respect de la qualité et de l'environnement.

Le terrain fut choisi lors d'une visite avec Philippe des Jamonières, maire du Cellier, après une première sélection opérée par le comité d'expansion de Loire Atlantique. «Ce terrain est beau, mais sa taille réduite limite les extensions futures.» – «Regardez celui-là que longe aussi la route nationale. Il est plus vaste et devrait vous convenir, mais la commune doit en rassembler les parcelles et le viabiliser avant de vous le céder». Ce qui fut fait, en seulement quelques semaines, grâce à la détermination du maire.

Le projet de Dominique Perrault nous séduisit, et tout particulièrement:
– le carré de 400m² (mesure étalon) qui rythme le lieu et contribue à sa cohérence,
– les jardins intérieurs aux pins transplantés dont la cime dépasse les toits, et la nature extérieure en bosquets, damiers de 20m×20m,
– les matériaux, partout le même béton noir profond au sol, le même parpaing en murs de séparation et les mêmes poutrelles métalliques de la charpente.

André Morin, à qui nous unit une même admiration pour les grands artistes d'art minimal, partageait notre envie de mettre en image la construction du bâtiment. Nous convinmes de demander à Lars Müller d'éditer un livre.

La réalisation des fondations fut longue et difficile sur un sol gorgé d'eau; la construction du bâtiment fut brève. L'une et l'autre furent menées à bien par des équipes courageuses et professionnelles, supervisées par la direction technique du maître d'œuvre et notre assistant maître d'ouvrage.

La plus grande surprise vint de la construction achevée:
– les parois de métal poli, plié qui affirment la présence du bâtiment, puis l'instant d'après l'effacent par la réflexion des images brisées et changeantes de la nature environnante,
– la couleur apparue tantôt diffuse en impression, tantôt éclatante au soleil,
– la transparence des bureaux de verre au-delà desquels le regard découvre les opérateurs et leur ligne de production,
– et puis cette sensation qu'éprouve tout visiteur d'être déjà dans une usine du XXIe siècle, alors même qu'elle assume les meilleures traditions de la grande architecture industrielle du passé.

Ainsi, un livre que nous avions imaginé en images, noir et blanc, sur l'histoire d'une construction, devint par l'art de l'architecte et le talent du photographe un hymne à la rencontre d'une usine, de ses occupants et de la nature.

Jean-Philippe Billarant

The former *Aplix* factory near Nantes reached the limits of its capacity, some buildings were decaying and the flows of goods became complicated. Its staff tripled, working conditions were deteriorating. On the other hand, the demands for quality were growing. As business development prospects remained good, the decision was taken to launch the construction in the same region of a 30 000m² factory.

We wanted to apply the idea of being "modern, giving privilege to function, without excess nor concession" – with a few simple guidelines:
– to guarantee a differentiated expansion of major operational activities in order to match adequately the needs of our customers,
– to manage the flows of goods according to the big axis and to maxim the information flows,
– to strengthen the solidarity of the departments and unify the services that are offered to the staff,
– to minimize the costs of construction and optimize the operating costs, with due respect to the environment.

After the presentation of greenfield sites short listed by the Loir Atlantique local development agency, the site was chosen during a visit with Philippe des Jamonières, Mayor of Le Cellier. "This site is beautiful, but its reduced size puts a limit to future extensions."–"Look at this one, it also runs along the main road, is more spacious and will suit you more, but the municipality has to put together its plots and develop it before it can sell." All of which was done only a few weeks later, thanks to the determination of the Mayor.

The project of Dominique Perrault was particularly attractive to us for the following reasons:
– the square of 400m (the basic unit of measurement) that gives a rhythm to the place and contributes to its coherence,
– the interior gardens with the transplanted pine-trees, the tops of which tower above the roofs, and the nature on the outside, forced into a 20m by 20m chequered pattern of bushes.

Together with André Morin, with whom we share an admiration for the great artists of minimal art, we got enthused by the idea of transforming the construction of the building into views. We agreed to ask Lars Müller to edit a book.

The laying of the foundations was a lengthy and difficult process because of the saturated ground; the construction of the building was quick. Both were carried out by highly committed and professional teams, which were supervised by the technical board of the building contractor and our assistant supervising engineer.

Once the construction was completed, we were surprised:
– the walls of pleated polished metal affirm the presence of the building and after a glance, obliterate it through the changing refracted reflections of the natural environment,
– the colors appear to be sometimes diffused in patterns and sometimes sparkling in sunlight,
– beyond the transparency of the glass offices the gaze discovers the operators and their production lines,
– and then one shares the feeling of each visitor: to be already in a 21st century factory that nevertheless assumes the best traditions of great industrial architecture.

Thus, a book telling the story of a construction – which we had imagined in black and white pictures – turned into a hymn on the encounter between a factory, its occupants and the nature through the extraordinary skills of the architect and the great talent of the photographer.

Jean-Philippe Billarant

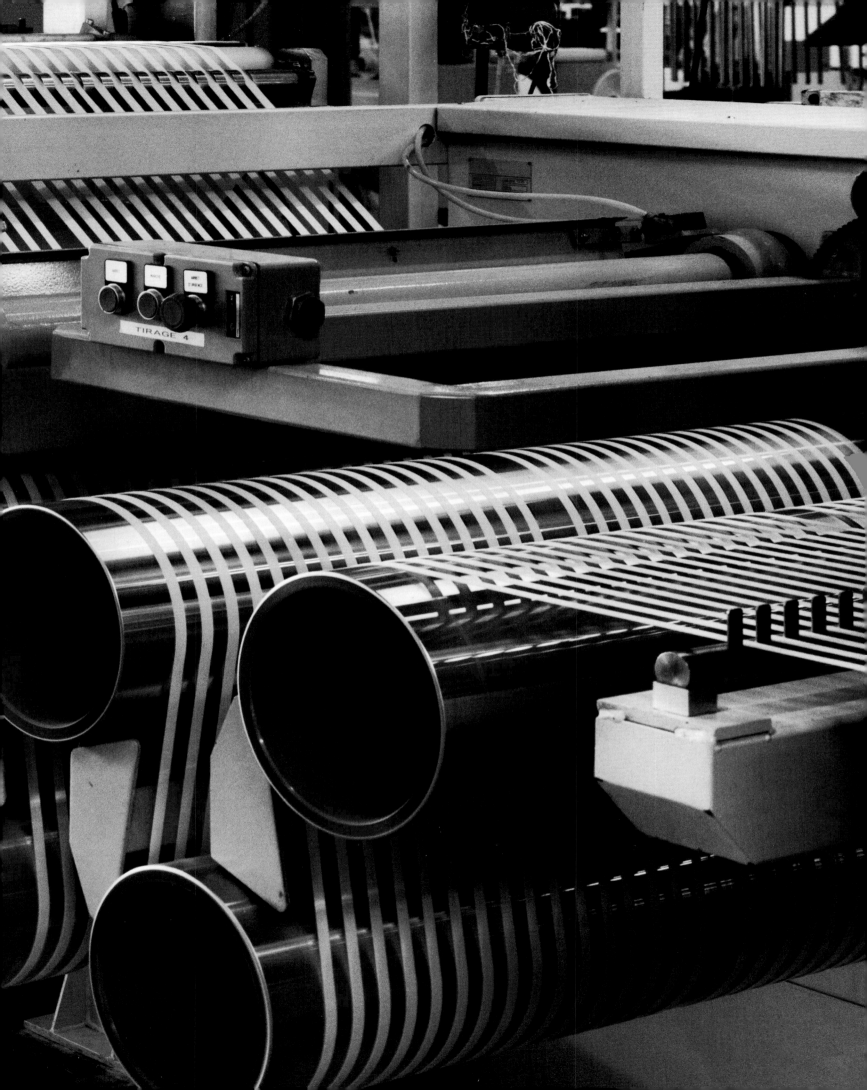

Le photographe qui travaille hors de son studio sait que cette spécialité se pratique souvent sous les auspices de l'échec; à peine lui est-il donné le temps de se préparer et de disposer son matériel que «l'instant privilégié» s'évanouit sans préavis, soumis à l'aléatoire météorologique ou aux petits contretemps de la vie quotidienne…

Il me semble que pour diffuser la photographie d'architecture le livre est le meilleur support. En effet, toutes les techniques graphiques sont aujourd'hui au service de l'auteur pour réaliser de belles images, images qui, néanmoins, doivent répondre à des considérations pratiques.

En général, la photographie d'architecture n'offre guère de place à la contemplation rêveuse. En ce sens, elle est document. En tant que tel, elle a une fonction à remplir, une utilité, une destination.

Elle sert un propos et place, de fait, les considérations d'ordre esthétique au second plan.

Tout le monde sait que le geste photographique reste malgré sa simplicité d'une grande subjectivité; l'appareil photographique ne fera jamais la différence entre le beau et le laid. Si la démarche du photographe d'architecture n'est pas a priori de produire du beau, elle n'exclut pas pour autant le plaisir que l'on trouvera, si l'on y apporte suffisamment de soin, à obtenir des compositions équilibrées ou dynamiques.

Un bon photographe d'architecture est avant tout un bon photographe. Naturellement, la sensibilité à l'espace est une qualité essentielle pour percevoir dans sa complexité un bâtiment. Un bon photographe d'architecture doit être aussi à l'aise devant une cathédrale gothique que face à une oeuvre contemporaine. Les questions ou les problèmes posés sont souvent les mêmes: «enregistrer» les différents aspects d'un site, d'un objet ou d'une installation et peut-être aussi l'intention artistique d'une architecture ou d'une oeuvre d'art, garantir enfin un cliché dont les qualités ne soient pas inférieures à la réalisation architecturale qu'il représente.

Une chose m'a frappé en réalisant les photographies de ce livre, c'est de constater à quel point l'architecture de Dominique Perrault ressemble, dans la difficulté à trouver des points de vue, aux sculptures de Carl André (s'il me permet la comparaison) auxquelles j'ai été si souvent confronté. C'est une architecture qui résiste beaucoup à la subjectivité des photographes.

André Morin

The photographer who works outside his studio knows that this speciality is often pursued under the foreboding of failure; before he has time enough to prepare and arrange his material, the "ideal moment" vanishes without notice, depending on the hazardous meteorology or the little incidents of everyday life...

It seems to me that in order to disseminate architectural photography, the book is the best medium. Indeed, these days, a vast range of graphical techniques are at the disposal of an author in order to create beautiful images – images that nevertheless have to comply with practical considerations.

In general, architectural photography doesn't allow for dreamy contemplation. In this sense, it is a document. As such, it has a function to fulfil, it has its use and its aim. It serves a statement, and considerations of an aesthetic order have lower priority.

Everybody knows that the photographic gesture, in spite of its simplicity, remains largely subjective; the camera will never distinguish between beautiful and ugly. Producing beauty is not the primary task of a photographer of architecture; still, it does not exclude that pleasure if sufficient care is taken to obtain balanced or dynamic compositions.

A good photographer of architecture is first of all a good photographer. Naturally, sensitivity to space is a quality that proves essential to the perception of the complexity of a building.

A good photographer of architecture has to be as much at ease in front of a gothic cathedral as in front of a contemporary work. The questions or problems raised are often the same: to "record" the different aspects of a site, an object or an installation and maybe also the artistic intentions of a work of architecture or art, and finally guarantee pictures that are not inferior in quality to the architectural production they represent.

There is one thing that struck me when I took the photographs for this book: I realised to which extent the architecture of Dominique Perrault resembles the sculptures of Carl Andre (if he doesn't mind the comparison), which I have often been confronted with – I experienced the same difficulty in finding the appropriate points of view. It is an architecture that resists the subjectivity of the photographer.

André Morin

Un bâtiment disposé dans le paysage selon les règles strictes de la géométrie et de la syntaxe d'une grille de mots croisés. Chaque module carré de 20m×20m abrite une fonction industrielle ou une partie de fonction, comme chaque case de mots croisés accueille une lettre. Les fonctions se croisent et se tissent les unes avec les autres, suivant l'ordre du processus de production, de même que les lettres entrecroisées forment des mots, verticalement et horizontalement.

Une première lecture d'ordre métaphorique trouvera dans l'idée du tissage des fonctions, l'évidente évocation du métier premier d'*Aplix:* la production de tissu auto-grippant produit en toutes largeurs et toutes surfaces.

Une deuxième lecture plus conceptuelle, plus contemporaine aussi, identifiera une disposition d'éléments élémentaires, capables de croître en tous sens et toutes directions, suivant un mode aléatoire, sans altérer pour autant le principe fondateur.

Evidemment, c'est ce développement incertain, donc imprévu de l'architecture qui nous intéresse. En fait, il s'agit de l'utilisation radicale de la notion de flexibilité érigée en principe esthétique produisant une forme architecturale non déter-minée. En effet, un bâtiment industriel, plus que tout autre programme de cons-truction, impose à l'architecture de s'adapter rapidement à un processus de transformation et d'extension. Dans cet apparent désordre des volumes en grappe, l'activité de l'usine s'organise par rapport à un axe qui est une rue inté-rieure traversant le réseau des modules de production.

Toute cette conception de la géométrie de l'usine, régentée par les uniques, mais impérieux besoins fonctionnels, resterait stérile, si elle n'était pas confrontée à une dimension sensible qui est le Paysage. Pas celui des parcs et jardins, mais celui qui nous entoure au quotidien, en ville comme à la campagne.

En général l'apparition, voire l'irruption d'un grand bâtiment industriel dans un paysage rural, qui attendait plus un village d'activités qu'une vaste unité de production, bouscule violemment la nature de cet environnement. Cependant cette violence de l'architecture fraîchement construite est en fait une formidable source d'énergie. Energie révélatrice de l'activité humaine, de son développement, et de son inscription dans son environnement, qu'il soit urbain ou «naturel».

Il ne s'agit donc pas d'une perte, mais d'une mutation du paysage qui, sans effacer les traces du précédent, en révèlent de nouvelles. La présence de la nature s'avère être plus significative et plus forte après la construction de l'usine qu'avant, lorsque ce morceau de campagne était cultivé. En effet, la «peau» d'écailles métalliques, polies et miroitantes, recouvrant les façades de l'usine, agit comme un instrument d'optique, tel ces lentilles de Fresnel qui multiplient ou démultiplient les rayons de la lumière. Ainsi, le paysage se reflète, se fractionne, en un mot, s'amplifie. Les mouvements de la lumière naturelle et des hommes; tout est retranscrit par la surface plissée-miroir de la façade métallique. Le bâti-ment est en perpétuelle interaction avec son environnement. Il disparaît presque, il s'absente … au profit du paysage.

La nature est partout, même à l'intérieur de l'usine où les jardins rectangulaires sont venus prendre place au cœur de la géométrie orthonormée comme les carrés noirs au sein de la grille de mots croisés qui permettent aux mots de s'organiser autour d'eux. La vie de l'usine en fait de même, autour de ces larges patios baignés de lumière. Tout ce jeu déformant des reflets de la lumière et des images du site environnant, ne permet pas de «mesurer» le bâtiment, de savoir s'il est «grand» ou «petit». On ne peut en avoir qu'une mesure sensible, émotive.

Emotion, d'autant plus émouvante qu'elle est provoquée par «un presque rien»; l'usage d'une grille orthogonale comme une feuille de papier d'écolier à petits carreaux pour en dessiner le *plan* et une tôle pliée d'un seul pli, certes bien polie, pour dessiner la *façade.*

Le métier d'architecte n'est décidément pas celui que certains voudraient nous faire croire qu'il est…

Dominique Perrault

building set out in the landscape according to the strict geometric and syntactic rules of a crossword puzzle. Each square of the 20 metres grid takes up an industrial function or a part of a function like a square of the crossword takes a letter. These functions are crossed and woven with each other according to the production process, like the intersected letters form words, in vertical and horizontal sense.

first and metaphorical lecture finds in this image of woven functions an evident vocation of the principal trade of the *Aplix* company: the production of self-gripping systems in all kind of widths and surfaces.

second lecture, more conceptual and more contemporary, identifies a layout of very basic elements, able to grow in all directions and ways in a very aleatory way without though changing the founder principle.

aturally, it is this uncertain and unexpected development of the building's architecture, which interests us. In fact, a very radical use of the notion of flexibility, set up as an esthetical principle, produces finally an undetermined architectural form. Actually, an industrial building prescribes, much more than any other construction program, on architecture to adapt itself very quickly to transformation or extension processes. In this cluster of volumes without any apparent order, the company's activity is organised around an internal street crossing the network of manufacturing modules and connecting in this way all its elements.

is wholly geometric conception of the factory governed only by important, albeit imperative, functional requirements would stay sterile if it were not confronted to nature. Not gardens nor parks, but the kind of nature which surrounds us every day, in the countryside as well as in the city.

enerally, the apparition or even irruption of a huge industrial building in a rural landscape, destined at first sight more for a village of small industrial units rather than a large production unit, knocks over violently the nature of this environment. et, in this case, the violence of the freshly constructed architecture constitutes a

great source of energy. Energy which reveals human activity, its development and its entering into the landscape, be it urban or 'natural'.

Consequently, this is not a loss but a change of the landscape, which reveals new aspects without erasing old traces. The presence of nature is more significant and seems stronger after the construction of the factory than before, when the land was only a field. In fact, the 'skin', which covers the building's front, is made of metal scales, polished and sparkling. These scales act like an optical instrument – just as the Fresnel lenses – and give an impression of either of multiplying or gearing down the rays of light. Hence, the landscape is reflected, split up: in one word, amplified. The movement of natural light and also of men; they are all retranscribed by the pleated mirror of the metallic facade. Therefore, the building is always in interaction with its environment. It almost disappears, fades away … to the profit of the landscape.

In fact, nature is everywhere, even inside the factory where rectangular gardens have been placed at the heart of this orthonormed geometry like the black squares within the crossword puzzles which organise the words around them. The factory's life does the same around the large patios full of light. The game of reflections of light and images deforms the site and hinders us from taking 'precise' measurements, to know if the building is 'huge' or 'small'. The only possible measurement is sensitive or emotional.

This emotion is even more touching because it is provoked by 'almost nothing'; the use of an orthogonal grid like the small-squared paper used by school pupils for the *plan* and a metal sheeting pleated in only one way, yet well polished, for the *facade.*

The profession of an architect is definitely not what some people want us to believe.

Dominique Perrault

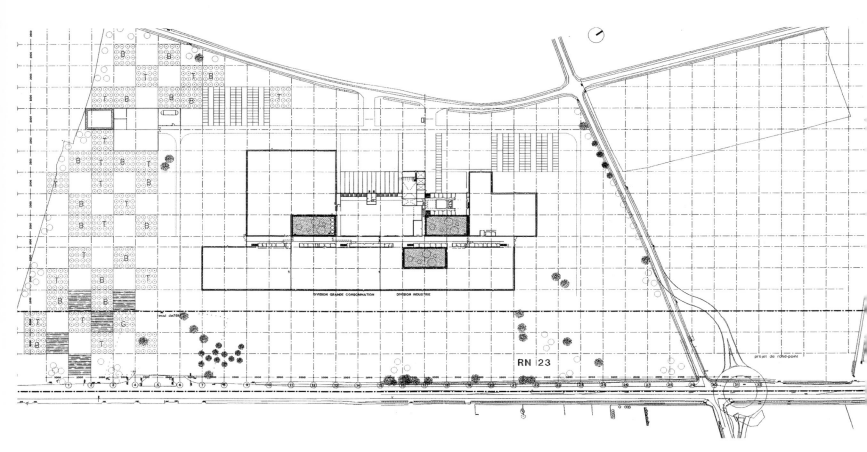

Usine Aplix

ZA des Relandières
F–44850 Le Cellier

Siège social:
Aplix SA
19, avenue de Messine
F–75008 Paris

Assistance à la maîtrise d'ouvrage:
Osiris Conseil

Maîtrise d'œuvre:
Architecte:
Dominique Perrault, Architecte mandataire
avec: Guy Morisseau, directeur technique
Gaëlle Lauriot-Prévost, directrice artistique

Bureaux d'études:
Perrault Projets, ingénierie architecturale
Boplan, ingénierie technique

Type de commande:
Mission de maîtrise d'oeuvre générale et
aménagements paysagers

Début des études:
Octobre 1997. Sept mois d'étude.

Début du chantier :
Mai 1998. Un an de travaux.

Livraison :
Mai 1999

Surface du terrain :
145 000m²

Surface du bâtiment :
29 900m² Hors œuvre net

Surface des espaces verts :
98 000m² d'espace vert planté ou engazonné

Coût des travaux :
85 000 000 FF Hors Taxes, valeur 1999, soit 13 000 000 euros

Ses besoins fonctionnels:
La parcelle choisie, la plus grande de la zone industrielle, permet de prévoir une
emprise initiale de 29 900m² ayant des possibilités extension de doublement.
Les principales fonctions à assurer sont:
– La production, dans des ateliers distincts, mais peu éloignés
– La gestion des stocks
– Le chargement et le déchargement des camions, ainsi que les besoins
  en parkings pour tous les véhicules compris ceux des employés
– Les fonctions d'accueil, d'administration et de direction.

Surfaces principales:
– Ateliers: Les différentes zones de production ont des surfaces qui vont
  de 2 400m² à 5 600m².
– Bureaux et administration: 1600m²
– Cafétéria et restaurant: 400m²
– Quai d'expédition et de livraison: 11 postes
– Un module technique environ 600m², de production d'énergie électrique,

calorifique, sprinkler et air comprimé
Patios: 3 patios de 800m² chacun, répartis dans l'usine
Parking: 190 places

Description:
Le projet se situe dans la zone d'activités des Relandières, sur le site du Cellier, près de la Ville de Nantes.
Le terrain destiné à l'usine, longé au sud-est par la RN 23, est relativement plat.
La façade principale du bâtiment, d'une longueur de 300m bord cette nationale, est l'emblème de cette nouvelle usine.

Nous avons mis en place une trame orthogonale de 20×20m sur le site, constituant un damier de surfaces construites et végétales, tel une grille de mots croisés qui joue avec les pleins et les vides.

Au centre du terrain, le bâtiment impose le rythme métallique d'une image usine dont le parallélisme avec la nationale accuse le parti initial de linéarité.

La composition de l'usine juxtapose des modules de 20×20m et de 7m de haut.
Son implantation respecte les 75m de recul imposé par la loi Barnier.

Nous avons opté pour la simplicité de figures géométriques, le parti s'appuyant sur des données simples et fortes qui assure rigueur et enchaînement.

La forme de l'usine est celle d'un long rectangle rythmé par des redans. La façade principale; traitée sans fenêtre, traduit une volonté d'intériorisation liée au projet architectural et à la confidentialité de l'activité de production avec le dessin strict d'une ligne filante d'où émergent les cimes de quelques pins et les équipements techniques de traitement d'air.

Les secteurs réservés à la production sont répartis en cinq ateliers.

Une rue intérieure, nommée «rue de la qualité», parallèle à la RN 23, véritable colonne vertébrale du bâtiment, espace continu et fluide, permet la circulation des chariots et la desserte des ateliers.

Aux extrémités de cette rue, de grandes portes métalliques assurent les accès pour les livraisons des équipements de production.

La rue intérieure se prolonge à l'extérieur par des allées. Adjacents à la rue intérieure, s'accrochent trois jardins de base rectangulaire 20m×40m aux hautes plantations. Le pin sylvestre, d'une hauteur de 12m, à l'écorce rousse et au feuillage bleuté; les anime. L'allure du houppier laisse passer la lumière réfractée dans la rue intérieure.

Autour de ces jardins, et pour chacune des divisions, les différents ateliers s'organisent marquant le cycle de production: la matière première se change en produit fini par des passages successifs et progressifs dans les différentes sections agencées autour de ces noyaux verts.

S'organisent aussi autour d'un de ces patios, les principaux bureaux de l'administration et la cafétéria. De l'autre côté de l'usine, côté plaine, se trouve, regroupé, l'ensemble des accès à l'usine: l'entrée principale des visiteurs, l'entrée du personnel, les quais de réceptions et d'expéditions avec leur aire de manoeuvre.

Liées à ces allées et venues se trouvent évidemment les aires de parking dispersées et espacées les unes des autres; elles sont ainsi fragmentées afin d'éviter une «mer de stationnement».

Cette exacte adaptation du plan au programme met en évidence la lisibilité des parties. Chacune d'elle est conçue non seulement pour remplir une fonction, mais la définie avec force de l'intérieur comme de l'extérieur du bâtiment.

Tout est dessiné pour permettre des extensions d'ateliers et d'aires de parkings dans cet espace flexible. Ainsi, la pensée rigoureuse dans la composition des masses et des effets reste susceptible de variations. Ces extensions sont possibles par l'articulation aléatoire de carrés supplémentaires qui créerait ainsi des accidents visuels notamment dans la ligne frontale. Il n'y a donc pas pour l'instant de configuration définitive de celles-ci, mais plutôt la volonté d'un jeu de hasard causé par la rencontre des volumes et des reflets inter-métal et végétal.

Par sa simplicité et sa flexibilité, c'est une œuvre ouverte insérée dans un rapport mobile et changeant avec le milieu environnant, piège de lumière permettant une variation excessive des surfaces, offrant des perspectives multiples et capables d'offrir un rapport esthétique et une intégration entre le millieu naturel et les besoins industriels.

Principaux choix techniques et architecturaux.

Fondations:
Fondations superficielles sur schistes

Structures:
Charpente métallique treillis de hauteur constante, couverture bac acier avec isolation et étanchéité localement renforcé.

Façades:
Façades métalliques: Inox plissé poli miroir, cett «peau» de bardage a été dessinée et conçue spécifiquement par l'agence. Ce plissé métallique, sur une trame de 50cm a été développée avec la société PMA qui a fourni ce bardage. La façade intérieure du bâtiment est constituée par un ensemble de bacacier perforés assurant un traitement acoustique des ambiances.
Façades vitrées: Modules de verre Paresol feuilleté simple et double vitrage suivant les zones sur une trame de 2,50m (2,50×3,65 et 2,50×4) assemblée par pare-close aluminium avec raidisseur en acier galvanisé.

Fluides:
L'ensemble des fluides est distribué par la rue intérieure: les cheminements sont rectiligne et rigoureux: tous sont apparents (aucun faux plafond dans le bâtiment) cette rigueur d'installation permet une mise en valeur des différents matériels. Les équipements de traitement d'air sont implantés sur la toiture au droit des zones à traiter: la couverture constituant un vaste local technique à l'air libre. (Deux ateliers textiles sont traités en atmosphère contrôlée en température et hygrométrie).

Sprinkler:
Tous les locaux sont sprinklés avec une réserve d'eau incendie de 700m³.

Sécurité:
L'ensemble de la surface est recoupée en trois compartiments isolés.

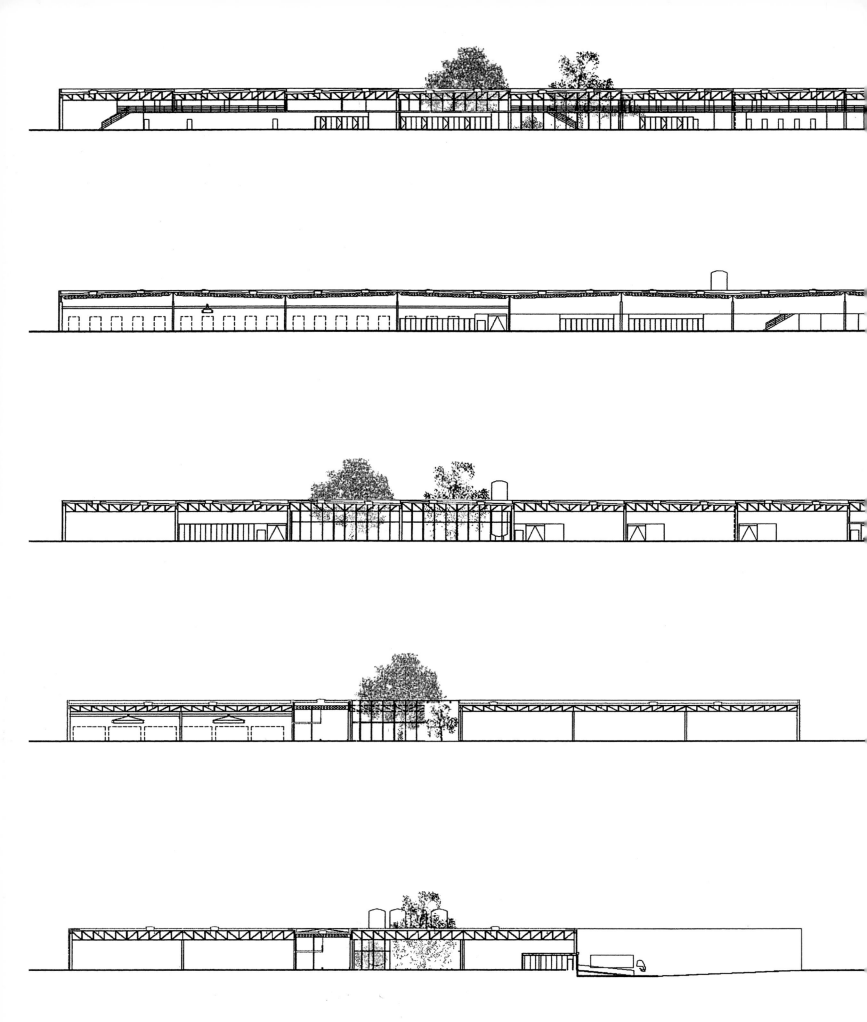

Coupes longitudinales et transversales

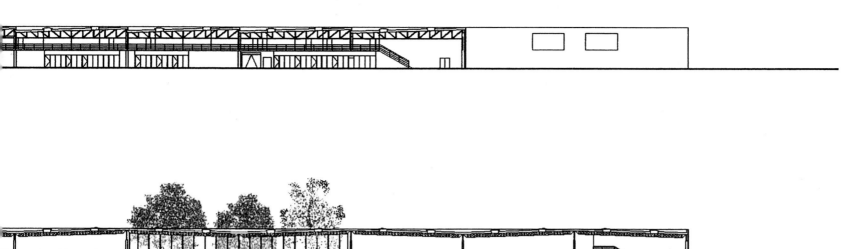

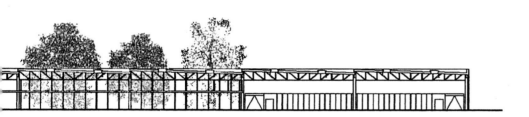

10   20   40

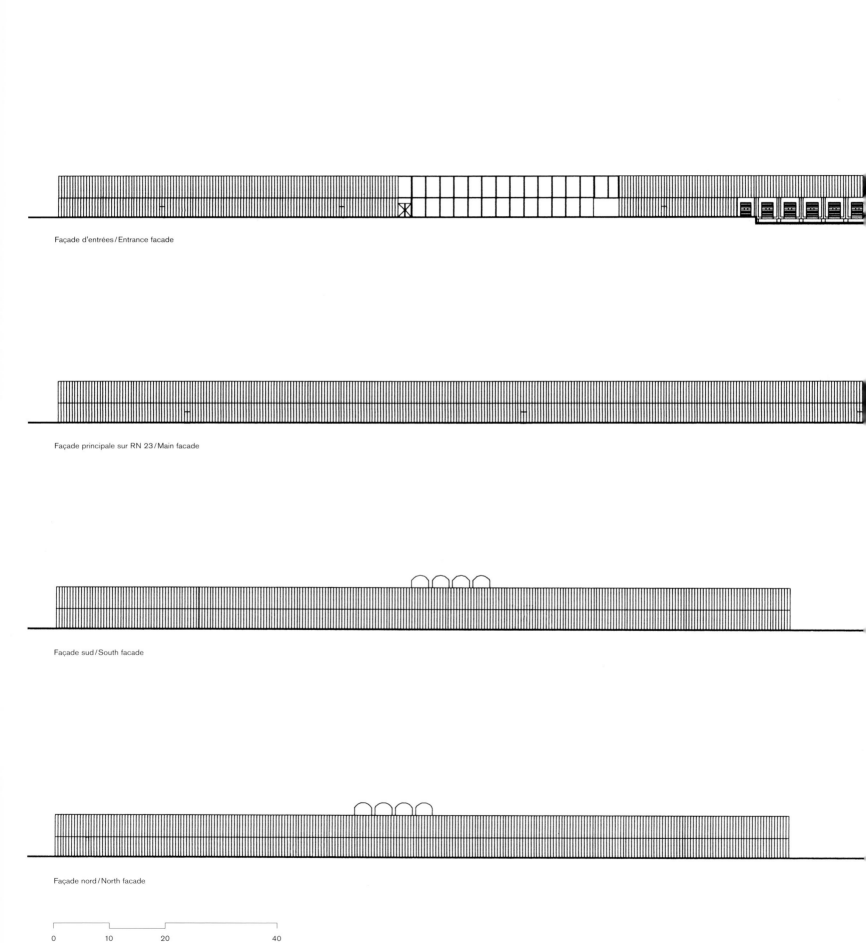

Façade d'entrées / Entrance facade

Façade principale sur RN 23 / Main facade

Façade sud / South facade

Façade nord / North facade

0   10   20   40

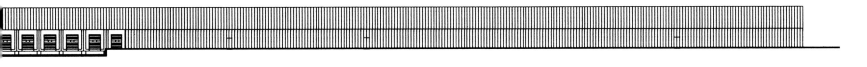

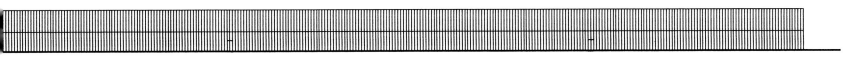

466

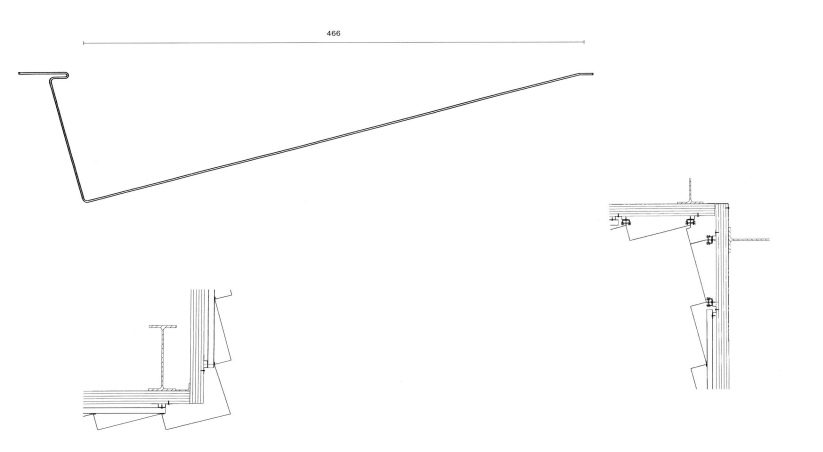

Angle sortant / External angle

Angle rentrant / Internal angle

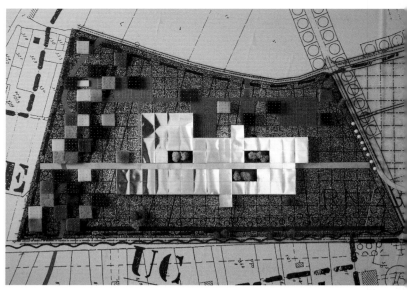

Maquette, janvier 1998

The Aplix Factory

ZA des Relandieres
F–44850 Le Cellier

Head Office
Aplix SA
19, avenue de Messine
F–75008 Paris

Clients Advisor:
Osiris Conseil

Project Design Team:
Dominique Perrault, architect in charge
with: Guy Morisseau, technical director
Gaëlle Lauriot-Prévost, artistic director

Construction Design Team:
Perrault Projets, architectural engineering
Boplan, technical engineering

Type of contract:
General management of the construction and landscape architecture

Beginning of the design stage:
October 1997. Seven months design period.

Beginning of the construction:
May 1998. 12 month construction period.

Completion:
May 1999

Surface of the site:
145 000m²

Surface of the building:
29 900m² usable floor space

Landscape area:
98 000m² planted green spaces or lawns

Cost:
85 000 000 FF, excluding VAT, 1999 value or 13 000 000 euros

Functional needs:
The chosen plot, the biggest in the industrial zone, allows to project a first exploitation of 29 900m² with a possible doubling of this surface through extensions.
The principal functions to guarantee are the following:
– The production in seperate workshops not far from one another.
– Stock management
– The loading and unloading of trucks, as well as sufficient parking facilities for all vehicles (including the employees' cars)
– The functions of reception, management and board.

Main surfaces:
– Workshops: The different zones of production in spaces ranging from 2 400m² to 5 600m².
– Office space: 1600m²
– Cafeteria and restaurant: 400m²
– Platform for shipping and delivery: 11 gates
– A technical unit: approximately 600m² for the production of electric and thermal energy, for the sprinklers and pressurised air
– Terraces: 3 patios of 800m², distributed over the factory
– Parking: 190 parking lots

Description:
The project is located in the industrial zone of Les Relandières at Cellier, near the
city of Nantes. The plot reserved for the factory borders on its south-eastern
side the RN23 and is relatively flat. The main facade of the building, measuring
?00m in length, runs along that national road. It is the emblem of the new factory.

We have set up an rectangular structure of 20×20m on the site, forming a
chequer-board pattern of built-on and green spaces, like a crossword puzzle that
plays with filled and empty squares.

In the centre of the plot, the building imposes the metallic rhythm of a factory
image and runs parallel to the national road, thus reinforcing the initial statement
on linearity.

The composition of the factory juxtaposes units of 20×20m and 7m in height. Its
situation respects the 75m set-back imposed by the Barnier urban regulation.

We have opted for the simplicity of geometrical figures, the choice being based on
simple and strong guidelines that assure rigor and coherence.

The factory is in the form of a long rectangle rythmed by successive indents. The
principle facade, conceived without any spenings, expresses the will to interiorise
the architectural project and to preserve the confidentiality of the production
processes, all within a strict horizontally drawn line from which a few tree-tops and
air-conditionning plant emerge.

The areas reserved for the production are organised in five workshops.

An internal street named "Street of Quality", parallel to the RN23, is the true back-
bone of the building, a continuous and fluid space, which allows the circulation
of trucks and links the workshops.

At both ends of this road, large steel doors give access to the delivery of
production equipment.

The internal street continues externally in the form of alleys. Adjoining the interior
road, there are three gardens with a rectangular footprint of 20m×40m and
high plants. The pine trees, 12m high, with their red bark and blueish needles
animate these spaces. The shape of their crowns allows refracted light to shine
into the internal street.

Around the gardens and for each division, the different workshops are organised
according to the production cycles: the raw materials are turned into finished
products after successively and progressively passing through the different workshops arranged around the green landscaped coves.

Arranged around one of these patios are the main offices of the management and
the cafeteria. On the other side of the factory, the side of the plain, all the
accesses are grouped together: the main entrance for visitors, the staff entrance,
the platforms for shipping and delivery and their manoeuvring space.

The coming and going of people is obviously linked to the parking areas, which are
spread out at a certain distance from one another. Thus, they are fragmented in
order to avoid an ocean of parked cars.

In this way, the exact adaptation of the plan to the program gives greater evidence
to the readability of the parts. Each one is conceived not only in order to fulfil a
function, but also to contribute forcefully to its definition from the inside as well as
from the outside of the building.

Everything is put in place in order to allow the planning of further extensions
and parking areas in this highly flexible space. Thus, the intellectual rigor in the
composition of the volumes and the effects remains open for variations. The
extensions are possible through the aleatory articulations of the supplementary
squares that would create visual accents in the facade line. Therefore, no definite
configuration of the extensions of the factory has been projected, but there is
an intended game of chance which will be revealed by the encounter of volumes
and of their reflections between metal and green spaces.

Through its simplicity and its flexibility, the work remains open and is integrated
into a dynamic and changing relation with its surroundings – a light-trap that
creates an excessive variety of surfaces, multiple perspectives and offers
the possibility of an aesthetic relation at the same time as an integration of the
natural surroundings and the industrial needs.

The main technical and architectural choices.

Foundations:
Slab foundations on rocky sub-soil

Structures:
Metallic lattice frame of constant height, steel-lining roof with insulation and locally
enhanced air seals.

Facades:
Facades in metal: pleated mirror-polished Inox, this type of panelling has been
specially conceived and designed by Dominique Perrault's office. The pleated
metal, based on a 50cm grid, has been developed with the PMA company that has
provided the panelling.
The interior surface of the building is assembled from a set of perforated steel
plates that guarantee optimum environmental acoustic performances.
Window frontage: Units of laminated Paresol glass, double or single glazing
according to the zone, on a grid of 2,50m (2,50×3,65 and 2,50×4) composed of
aluminium frames with wind-bracing in galvanised steel.

Mechanical and electrical services:
The entire mechanical and electrical services are distributed through the internal
street in a straight line, all are visible as there are suspended ceilings. This
rigour in the installation allows an improved expression of the building finnishes.
The air-conditionning units are located on the roof directly above the zones to
be treated. The roof thus becomes a large open-air plantroom. (Two workshops for
textiles require strict temperature and humidity controls).

Sprinkler:
All areas are sprinkled from an emergency reservoir with a capacity of 700m^3.

Security:
The whole surface is divided into three isolated compartments.

Dominique Perrault

Né en 1952 à Clermont-Ferrand, Dominique Perrault vit à Paris.

Il obtient le diplôme d'architecte DPLG en 1978, en 1979 le certificat d'Etudes Supérieures en Urbanisme de l'Ecole Nationale des Ponts et Chaussées et en 1980 le diplôme d'Etudes Approfondies en Histoire (Ecole des Hautes Etudes en Sciences Sociales).

Il crée son agence parisienne en 1981 et l'agence de Berlin en 1992.

Notamment deux projets assurent sa réputation en France, l'école d'Ingénieurs ESIEE à Marne-la Vallée et l'Hôtel Industriel Berlier à Paris qui a fait l'objet de nombreux prix et mentions.

En 1989, il remporte le concours international de la Bibliothèque nationale de France, en 1992 le concours international pour la construction du Vélodrome et de la Piscine Olympiques à Berlin et en 1995 celui pour la grand extension de la Cours Européenne de Justice au Luxembourg.

Différents prix lui ont été décernés, dont notamment le Gran Prix national d'Architecture en 1996 et le Prix Mies van der Rohe pour la Bibliothèque Nationale de France en 1997.

L'œuvre de Dominique Perrault est très diversifiée. Elle comprend aussi bien des projets de différente taille en France qu'à l'étranger que des études urbaines et paysagères et des concours de design. Il multiplie ses interventions au niveau de conférences, de jurys, de séminaires et enseigne dans de nombreuses facultés.

Plusieurs expositions et publications lui sont consacrées.

Dominique Perrault was born in 1952 in Clermont Ferrand.

He obtained in 1978 his diploma in architecture in Paris and in town planning in 1979 at the Ecole Nationale des Ponts et Chaussées and a postgraduate degree in History at the Ecole des Hautes Etudes en Sciences Sociales in 1980.

He opened the Parisian office in 1981 and the office in Berlin in 1992.

Especially two projects made him known in France, the engineer's scool ESIEE in Marne-la Vallée and the Hôtel Industriel Berlier in Paris for which he obtained several prizes and awards.

In 1989, he won the international competition for the French National Library, in 1992 the competition for the Velodrome and Olympic swimming-pool in Berlin and in 1995 the international competition for the Great Extension of the European Court of Justice in Luxembourg.

In 1996, he won the Great Prize of Architecture and in 1997 the Mies van der Rohe Prize for the French National Library.

Dominique Perrault's work is particulary varied and includes projects of different scales in France and abroad as well as urban and landscape design studies and design competitions. He participates in conferences, jurys and seminars and teaches in several universities.

Various expositions and publications present his work.

André Morin

Né à Dijon en 1952, vit et travaille à Paris.

De 1966 à 1970, suit une formation de photographe professionnel.

De 1972 à 1977, poursuit son activité sur une base indépendante et crée son propre studio à Dijon. Alterne des reportages pour l'industrie et des photographies de natures mortes pour la publicité.

En 1985, décide de s'installer à Paris.

De 1996 à 1998 enseigne à l'Ecole des Beaux Arts de Nîmes.

Collabore avec un grand nombre d'artistes plasticiens et de lieux dédiés à l'art contemporain. Ses interventions privilégient les œuvres mettant en jeu l'espace et le volume. Elles font régulièrement l'objet de parutions et de publications.

Born in Dijon in 1952, lives and works in Paris.

From 1966 to 1970: training as a professional photographer.

From 1972 to 1977: pursues his activities on a free-lance basis and creates his own studio at Dijon. Alternates between industrial features and still lives for advertising.

In 1985: decides to establish himself in Paris.

From 1996 to 1998: teaches at the Ecole des Beaux Arts in Nîmes.

Collaborates with a great number of sculptors and institutions dedicated to contemporary art. His productions give priority to the works of art, bringing space and volume into it. They appear regularly in various publications.

J'aimerais remercier tout particulièrement Marie Clérin
qui m'a apporté, dès l'origine du projet, une aide précieuse
par la qualité et la générosité de son implication.

André Morin

Dominique Perrault
Architecte

André Morin
Photographe

Jean-Philippe Billarant
Président d'Aplix

APLIX

Conception: Lars Müller et André Morin
Design: Lars Müller
Traduction: Daniel Binswanger
Dino Coursaris, Nina Neuhaus (textes Dominique Perrault)
Photolithos et impression: PrimArte Plus AG, Köniz
Reliure: Buchbinderei Burkhardt AG, Mönchaltorf

Lars Müller Publishers
5401 Baden/Switzerland
books@lars-muller.ch

ISBN 3-907078-13-6

Printed in Switzerland

Distribué en France par INTERART